The Flag of My Country.

Shikéyah Bidah Na'at'a'í Navajo

New World Readers 2

Cecil S. King

Alpha Editions

This edition published in 2022

ISBN : 9789356017191

Design and Setting By
Alpha Editions
www.alphaedis.com
Email - info@alphaedis.com

As per information held with us this book is in Public Domain.
This book is a reproduction of an important historical work. Alpha Editions uses the best technology to reproduce historical work in the same manner it was first published to preserve its original nature. Any marks or number seen are left intentionally to preserve its true form.

NAVAJO NEW WORLD READERS

At this writing (1951) there are approximately 26,000 children of school age on the Navajo reservation. About 40 percent of these are between the ages of 12 and 18. The great majority have never been inside a school, and do not speak English. Recently the government has provided space for more than 4,000 of these non-English-speaking adolescents in ten of its off-reservation boarding schools. A five-year intensive educational program is provided designed to teach these children to speak, read, write, and think in English; to do simple arithmetic, to know the facts of American history, world geography, civics and health; and to provide the basic skills which will enable them to obtain and hold a permanent job away from the reservation. The reservation resources will support only about half the present population.

We have learned how to teach these non-English-speaking Navajos to speak and read English very rapidly. However, there isn't much material for them to read. They are maturing adolescents with adolescent interests. Primers and first readers prepared for use by six-year-old school children don't have much interest for them. Because most non-Indians learn to read when they are young, very few books are published in which the ideas are mature, but the vocabularies simple enough for beginning readers. The Bureau of Indian Affairs, therefore, has undertaken the preparation and printing of booklets written by the leaders who are working directly with these children. Because the children are entering a new culture, and their success will depend upon the degree to which they make the basic ideas of this culture their own, these new books will rely on the material of this new culture for their content. They will present to these young people a new and different world from that through which they have grown during their early years on the reservation.

Willard W. Beatty
Chief, Branch of Education

I am a Navajo boy.

Naabeehó 'ashkii nishłį́.

This is my home.

Díí shighan 'át'é.

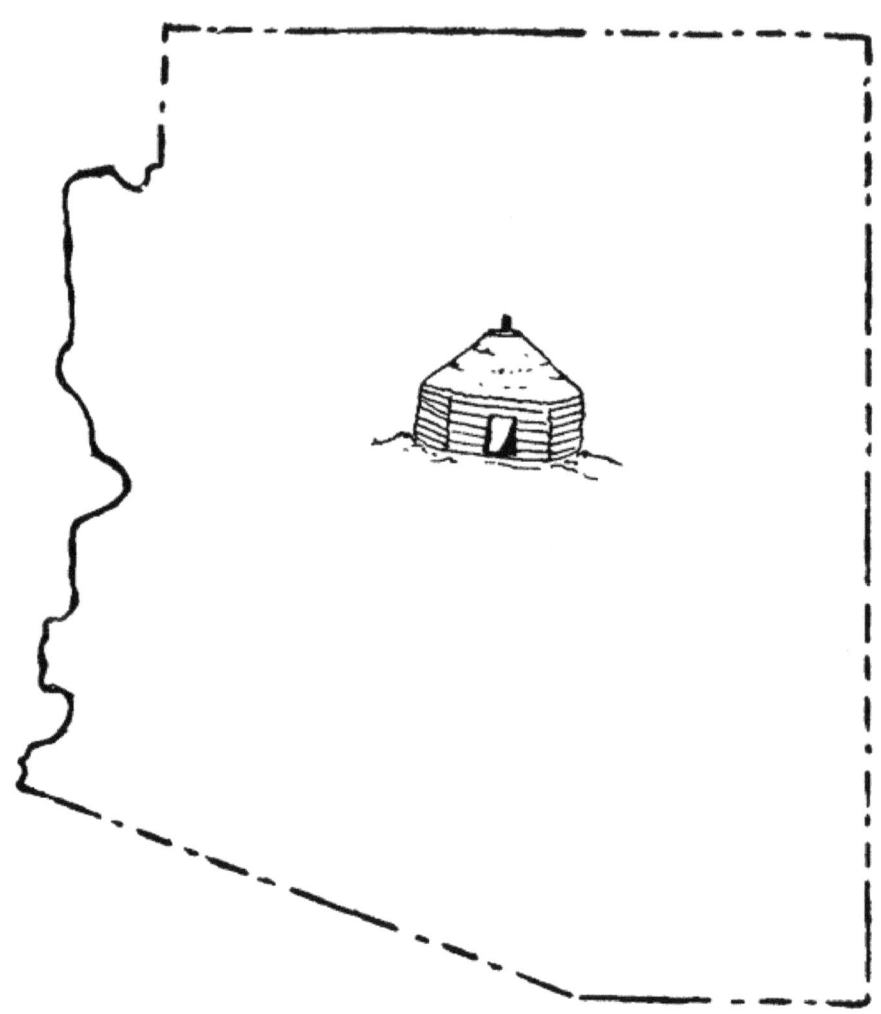

My home is in Arizona.

Arizona bii' shighan.

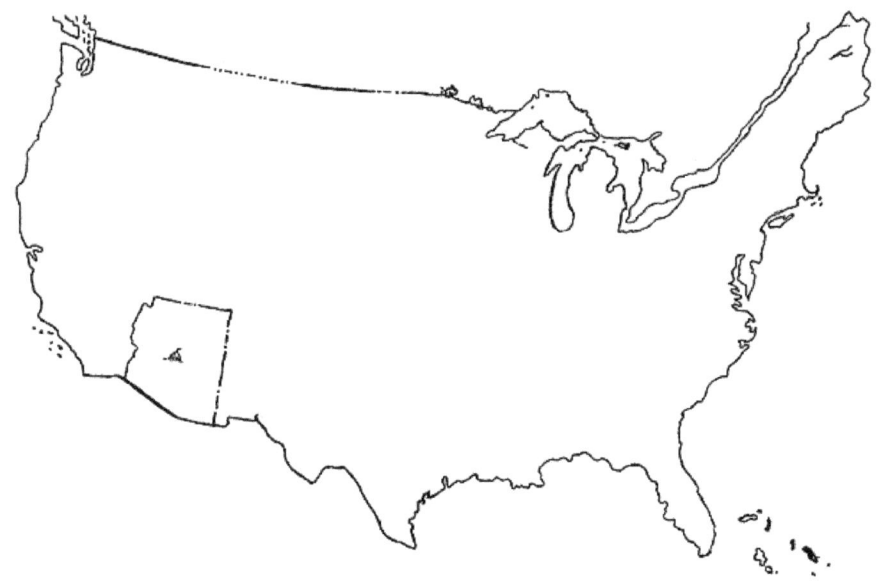

Arizona is in the United States.

Arizona 'éí kéyah dízdiin dóó ba'aan tseebíí sinilígíí bii'.

The United States is my country.

Kéyah dízdiin dóó ba'aan tseebíí sinilígíí shikéyah 'át'é.

This is the flag of the United States.
This is the flag of my country.
This is my flag.

Dii dah na'at'a'í Kéyah dízdiin dóó ba'aan tseebíí sinilígíí bá 'át'é.

Dii dah na'at'a'í shikéyah bá 'át'é.

Dii shi dah na'at'a'í.

I look at my flag.

Shi dah na'at'a'í nísh'į́.

I think of my home.
I think of my mother.
I think of my baby brother.

Shighan baa nitséskees.
Shimá baa nitséskees.
'Awéé' sitsilí baa nitséskees.

I think of my father.
I help my father.

Shizhé'é baa nitséskees.
Shizhé'é bíká 'anáshwo'.

I think of the sheep.
I take care of the sheep.
I can herd the sheep.

Dibé baa nitséskees.
Dibé baa 'áháshyą́.
Shí na'nishkaad yiishchį́į́h.

I think of the lambs.
I take care of the lambs.

The lambs can run.

I run and play with the lambs.

Shidibé yázhí baa nitséskees.

Shidibé yázhí baa 'áháshyą́.

Dibé yázhí naanáájah dayiichįįh.

Dibé yázhí bił naanááshjahgo bił nidaashnée łeh.

I think of the corn.

I can plant corn.

I like to plant corn.

Shinaadą́ą́' baa nitséskees łeh.

Shinaadą́ą́' k'éédíshdlééh.

Naadą́ą́' k'éédíshdléehgo shił yá'át'ééh.

I think of the sun.
I can play in the sun.
The sun is warm.
I am happy in the sun.

Shí jóhonaa'éí baa nitséskees.
Sháá'góó naashnée łeh.
Jóhonaa'éí bits'áníłdoi.
Sháá'jį' shił hózhǫ́.

I think of my horse.

I like to ride my horse in the wind.

Shiłį́į́' baa nitséskees.

Níyol bii' shiłį́į́' nashiyéego shił yá'át'ééh.

I think of the deer.
I think of the birds.

Shí bįįh baa nitséskees łeh.
Shí tsídii baa nitséskees łeh.

I look at my flag.
I think of my school.

Shi dah na'at'a'í nísh'į́.
Shí 'ólta' baa nitséskees łeh.

I think of my big sister.

My big sister and I go to school.

Shádí baa nitséskees.

Shádi dóó shí 'ííníílta'.

I can go to school.

I go to school every day.

I like my school.

'Íiníshta'go bee haz'ą́.

T'áá 'ákwíiji̧ 'íiníshta'.

'Íiníshta'ígíí shił yá'átééh.

My school is far from my home.

My school is off the reservation.

I will go to school five years.

I will learn.

I will learn many things.

'Íínishta'dóó 'éí shighan doo deegháni da.
Naabeehó bikéyah bits'ą́ą́di 'íínishta'.
'Íínishta'go 'ashdla' nídoohhah.
'Íhwiideesh'ááł.
Lą'ígóó 'íhwiideesh'ááł.

I may learn to be a carpenter.
A carpenter uses a saw.
A carpenter builds houses.

Tsin nehech'iishgo t'áadoo le'é bee 'ádaal'į́į́jį́ daats'í 'íhwiideesh'ááł.
Kin 'íiłį́į́nii tsin bee nihech'iishí choyooł'į́.
Tsin niyiich'iishii kin 'ádeile'.

A painter uses a brush.
A painter paints houses.
I may learn to be a painter.

Da'adleeshígíí 'éí bee da'adleeshí chodayooł'į́.
Da'adleeshígíí kin deidleesh łeh.
Kin deidleeshígíí daats'í nishłį́į́ dooleeł.

A farmer lives on a farm.
A farmer lives in the country.
I may learn to be a farmer.

K'ee'dídléhí dá'ák'ehgi bighan.
K'ee'dídléhí kéyah bii' kééhat'į́.
K'éé'dílghééjí daats'í 'íhwiideesh'ááł.

I may learn to take care of cars.

Chidí baa 'áháyą́ą́jí daats'í bihwiideesh'ááł.

I may learn to cook.

Ch'iyáán 'ál'į́į́jí daats'í bíhwiideesh'ááł.

I may learn to mend shoes.

Ké 'ánéíl'íní daats'í nishłį́į́ dooleeł.

My sister may learn to be a housekeeper.

Shádí shį́į́ 'éí kin baa 'áháyą́ą́jí 'íhwiidooł'áał.

My sister may learn to sew.

Shilah daats'í 'éí nída'ałkad dooleeł.

My sister may learn to be a waitress.

Shilah shį́į́ 'éí da'adą́ą́ góne' nda'aka' yíhwiidooł'ááł.

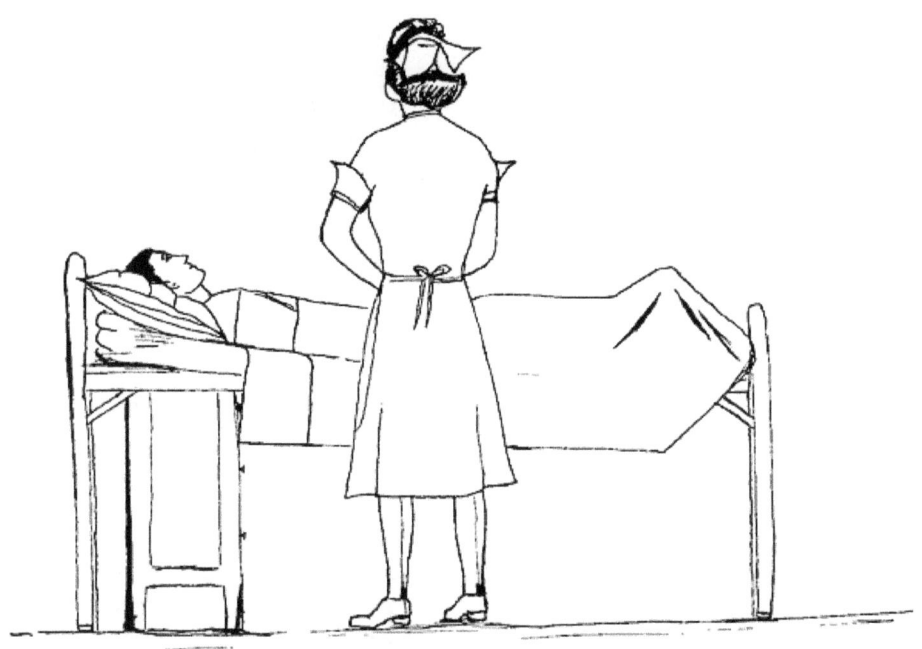

My sister may learn to help sick people.
My sister will learn to do the work she likes.

Shádí daats'í 'éí diné bitah dahoneezgaiígíí yíká 'análwo' dooleeł.
Shádi shį́į́ naanish t'áá bił yá'át'ééhígíí yíhwiidooł'ááł.

I look at my flag.

Shidah na'at'a'í nísh'į́.

My flag means my home.

My flag means my father and mother.

My flag means my sisters and brothers.

Shidah na'at'a'í kwii nighan shiłní nahalingo shá 'át'é.

Shidah na'at'a'í shimá dóó shizhé'é bił 'aheełt'éego baa nitséskees.

Shidah na'at'a'í 'éí shilahkéí dóó sik'isóó bił 'aheełt'éego baa ntséskees.

My flag means the sheep and the lambs.
My flag means the sun and the corn.

Shidah na'at'a'í dibé dóó dibéyázhí biniiyé 'át'é.
Shidah na'at'a'í jóhonaa'éí dóó naadą́ą́' biniiyé 'át'é.

My flag means my school.
My flag means I can go to school.

Shidah na'at'a'í 'íínísh ta' biniiyé 'át'é.
Shidah na'at'a'í 'éí 'íínísh ta' yee has'ą́.

My flag means I can learn many things.

My flag means I can learn to do the work I like.

Shidah na'at'a'í 'éí lą'ígóó 'íhwiideesh'áałgo yee has'ą́.

Shidah na'at'a'í 'éí naanish t'áá shił yá'át'ééh shį́į́ bíhwiideesh'áałgo yee has'ą́.

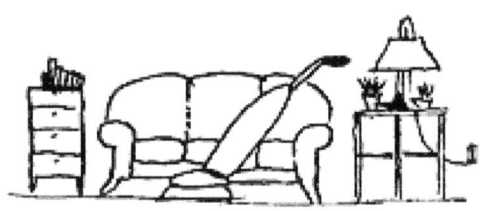

I think of my country.

Shikéyah baa nitséskees.

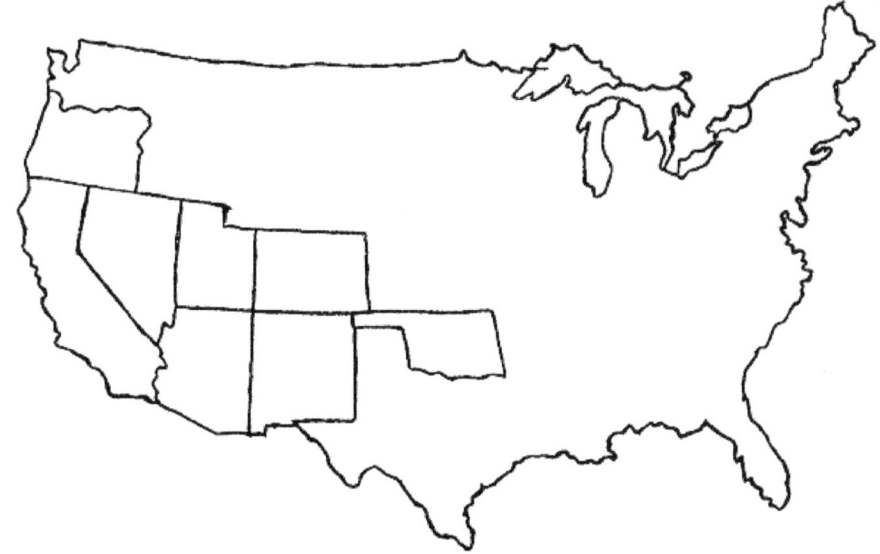

I think of the things I have in my country.
I think of the things I can do in my country.
My country is good.

Shikéyah biih t'áadoo le'é hólónígíí baa nitséskees.
Shikéyah biih t'áá bee shá haz'ą́ą́ shı̨́ı̨́ baa nitséskees.
Shikéyah 'éí yá'át'ééh.

Milton Keynes UK
Ingram Content Group UK Ltd.
UKHW030137180324
439604UK00005B/855